¡No hagas eso!

Janine Amos   Ilustraciones de Annabel Spenceley
Consultora Rachael Underwood

Gareth Stevens Publishing
A WORLD ALMANAC EDUCATION GROUP COMPANY

Please visit our web site at: **www.garethstevens.com**
For a free color catalog describing Gareth Stevens Publishing's
list of high-quality books and multimedia programs, call
1-800-542-2595 (USA) or 1-800-387-3178 (Canada).
Gareth Stevens Publishing's fax: (414) 332-3567.

Library of Congress Cataloging-in-Publication Data available upon request
from publisher. Fax (414) 336-0157 for the attention of the Publishing
Records Department.

ISBN 0-8368-3681-2 (lib. bdg.)
ISBN 0-8368-3695-2 (softcover)

This edition first published in 2003 by
Gareth Stevens Publishing
A World Almanac Education Group Company
330 West Olive Street, Suite 100
Milwaukee, Wisconsin 53212 USA

Series editor: Dorothy L. Gibbs
Graphic designer: Katherine A. Goedheer
Cover design: Joel Bucaro
Translators: Colleen Coffey and Consuelo Carrillo

Printed in the United States of America

1 2 3 4 5 6 7 8 9 07 06 05 04 03

Una nota a los padres y a los educadores

Pueden utilizar las preguntas que aparecen en **negrita** para iniciar
un debate con sus hijos o con la clase. Animen a los niños a pensar
en posibles respuestas antes de continuar con la lectura.

El conejo nuevo

Josh tiene un conejo nuevo. Se lo muestra a Levi.
"Se llama Bouncer", dice Josh.

"¿Puedo cargarlo?", pregunta Levi.

Josh le da Bouncer a Levi.

Bouncer trata de salirse de los brazos
de Levi, por eso él lo aprieta firmemente.

"¡No hagas eso!", grita Josh. "¡Le vas a hacer daño!"

¿Cómo crees que se siente Josh?

Josh trata de quitarle a Bouncer.
"¡Suéltalo Levi!", dice él.

El conejo está asustado.

Levi suelta a Bouncer.
Josh lo sujeta suavemente.

"Sólo quería tenerlo en mis manos", dice Levi.
¿Cómo crees que se siente Levi?

"Apretar a los conejos les hace daño", dice Josh.
"Tú tienes que sujetarlos así".

Josh le enseña a Levi como cargar a Bouncer.
Levi acaricia al conejo.

Después Levi sujeta a Bouncer.
¿Cómo crees que se siente Levi ahora?

Pasta dental roja

Sasha está en el baño.
Ella ve la pasta dental. ¡Es roja!

Sasha aprieta el tubo de pasta dental.
Ella hace un dibujo en la bañera.

Ella dibuja en la pared.

Ella dibuja por toda la pared del pasillo.

En el cuarto de mamá, Shasha aprieta
el tubo de pasta dental en el espejo.

Leandra ve a Sasha apretando el tubo de pasta dental.
Ella también ve todo el desastre que ha causado.

"¡No hagas eso!", grita Leandra.

Sasha empieza a llorar.
¿Cómo crees que se siente Sasha?

Mamá entra corriendo.
"¡Mira lo que ha hecho Sasha!", dice Leandra.

Mamá mira el desastre que ha hecho Sasha,
y luego la alza. **¿Cómo crees que se siente mamá?**

"Sasha todavía no sabe para
qué es la pasta dental", dice mamá.
"Necesitamos enseñarle para qué sirve".

Leandra trae su cepillo de dientes.

"Mira Sasha", dice Leandra.
"La pasta dental es para limpiarse los dientes".

Sasha agarra el cepillo y se sonríe.
Ella no tiene dientes para limpiar.

Cuando las personas hacen cosas
que no nos gustan, es muy importante
decírselo. "¡No hagas eso!" es una manera
de comunicarles que no te gusta lo que
hacen. Ellas sabrán qué es lo que quieres
cuando tú se lo expliques.

Más libros para leer.

David Gets in Trouble. David Shannon (Blue Sky Press)

Rude Mule. Pamela Duncan Edwards (Henry Holt)

We Can Get Along: A Child's Book of Choices.
Lauren Murphy Payne (Free Spirit)